Pahoin pelkään

Mika Seppälä

Pahoin pelkään

ajatuksia

Kustantaja: BoD™ – Books on Demand, Helsinki, Suomi

Valmistaja: Books on Demand GmbH, Norderstedt, Saksa

ISBN: 978-952-318-472-5

vappu

suljettuani radion
menen itse päälle

minä liikahdan
mutta säätiedotus
pitää paikkansa

ei kukaan hätä kaivannut,

kun hän repäisi itsensä juuriltaan,

mutta siinä kohtaa vesi oli

eksyksissä.

tämä lääke ei enää vaikuta mitään

se vain pitää ottaa

eilen on täytynyt

tapahtua jotakin

kun tänä aamuna

törmäsin kaikuun

noustessani ylös

joki laskee mereen,
menettää nimensä

rutista minua vielä

viululla ei ole muuta
kuin katkaista
soittajansa

Koko elämäni

oveni on ollut sopivasti auki

heidän vilkaista minua sisään

mutta jatkaa matkaansa.

kun katsoin

sairaana peiliin

heijastus oli

terve

Hän on taitava työssään

- valuva vesi kuluneesta hanasta

puhtaaseen

lasiin

Taivaanranta on maalattu umpeen.

Tämän lakeuden horisontti
on korkealle kohoava
kajoton seinä.

itsestäni tulee

niin harvoin hyvää ohjelmaa,

että silloin se

täytyy suorittaa

seisaaltaan

kuinka kauan

minun on pidettävä

silmiäni kiinni

nähdäkseni sinut uudessa

valossa

vanhempani antoivat minulle

avaimet elämään

mutta menin niistä itse

lukkoon

odotan vain

että nimelläni

varustetusta teatterista tehdään

elämä

eräänä toukokuisena päivänä

annoin suojautumatta

ikkunoista tulla sisään

kaiken kevään

panettelun

räkälä:

ostetaan tuoppeja

vähemmän juotavaksi kuin

aseiksi

tähän ikään

saakka

jo kovin kolotellut,

ehkä sairastanut

enimpiä

Hän oli tarkka tulostaan

mutta lähti milloin

sattuu

Pitkä humala oli

tyhjä rasia.

Nyt minuun on kasvanut sisältö

joka vaatii

joulupaperin.

Hän sulkee kuoren,
katsoo vielä postinumeron.

Pihalla on puu,
joka kohoaa korkeammalle kuin kevät lupaa
kasvattaen oikeat kukat
ja väärät hedelmät.

Kun me olisimme vanhoja

meillä olisi rutiinimme

ja oma huusholli

jossa joustavasti ohittaisimme

toisemme.

olet pystysuora seinä:

näytä minulle halkeamat

joita muut kiipesivät

niin minä etsin uuden reitin

voi elämä,

unohda yhtä paljon kuin minä muistan

viettele minut tätä auringonlaskua alas

tarjoa koko kierros

juovu kerrankin minusta

ja unohda yhtä paljon kuin minä muistan

tässä kapakassa jokainen on taidetta,

viski korjaa viivaa, ostetaan ja myydään,

kohta joku sopii joka seinään

Niinä päivinä
näin paljon vanhoja naisia
mutten heissä enää viisautta.

Kun usko elämään loppuu,
se on kauniita sanoja.

Kun sen tajusin,
siihen asti olin ollut valmiina.

Saadakseni tämän illan aamuksi

ainoa vaihtoehto on kutsumus.

Viinissä jonka juon,

sen yksi pisara etsii rantaa.

Syvä vesi nousee pinnalle

ja hengittää kerran,

kuluu monta vuotta.

Näinä hulluuteni vuosina

olisin jo käynyt läpi

peruskoulun papereilla

jotka eivät minulle

kuulu.

tietäen kuolevansa

haaveet syntyvät

Kun lähdet
ja olet tarpeeksi kaukana
kahden autiuden rajalla on
huoltoasema

Älä ole hiljaa,
pue sanoiksi, kun puet päällesi,
mikä tahansa,

mykkyytesi sokaisema.

Me istumme vankeina kodissamme,
tämä on kielitty rakkaus,
sataisi sanojen päälle jo
viileää lunta

sellimme reuna, taivaanranta,
vapauden valkea kajo –
kai kylä heräsi meihin liikaa,
se etsii jo unta

heitämme vakavina arpaa,
kumpi tänään menee,
oven aukaisee ankeaan maailmaan

Niin kuin elin
tuli minusta rampa
mutta jos kuuntelet minua
tarinani kulkevat omilla jaloillaan.

Käteni ovat työtätekemättömän
mutta jos kosketat niitä vielä kerran
ne riisuvat minulta illalla
työläisen vaatteet.

Olen ollut koko päivän kotona

ja nyt rukoilen

että joku olisi tehnyt eväät sisään

Minä soitan pianoa.

Sinä istut kohdelampun alla lukemassa kirjaa
jakautuen valoon ja varjoihin
kuin vanha tekijä.

isä ja äiti

vaikeat sanat

oksilta putoavat linnut

ja niiden sanat

rakkauttako rakkauttako rakkauttako vaan

vielä minä joskus teiltä turpiini saan

Näin kävellessäni kauniit kasvot:

palattuani kudoin huoneeni nurkkiin seittejä,
niihin ikävääni ripustin.

Odotin ja odotin

kunnes eräänä päivänä tapoin
väsyneen ikävän.

syksy:

orvokin vielä kukkiessa

mikä on sen suru?

Kun yöllä puhelin soi,

kampesin ikkunaan katsomaan

kuinka maailma loppuu.

Kun lopulta löysin luurin,

vastasin omalla nimelläni.

kuinka vähän minun täytyy tänään tehdä

kuitenkin saan illalla vaipua uneen

ja jos teen paljon

uneen on illalla tyytyminen

monesta sätkästä onnistuu yksi

sytytän sen tulitikulla

olen tehnyt tuhansia sätkiä käsin

mutten sätkäpaperista yhtään lennokkia

jos kirjoitan elämäkerran nyt

joka toinen kappale on

menneisyyttä

- kunnes piirrämme viivoja
tähtien veitsenteristä toisesta
toiseen, omakuvan avaruuden
galleriaan, apuviivoja

kerronko?

- mutta onko tuo Linnunradan sumu
vai turvevoimalan savu

vai vieressä emoni nauru

- niin kauan kuin tähtien alla pysymme pystyssä
meistä löytyy vanha ikiaikainen poljento

Niin pieniä ovat nykyään onneni hetket

että odotan niitä pelotta,

sanoin vanhus vähän ennen kuolemaansa.

Joskus minusta tuntuu
että vasta liian monen tappion jälkeen
minulla on uskallusta
epäonnistua

Jokin minussa on täyttä
niin kuin jokaisessa meissä,
valheellisuudessakin,
mutta keskeneräisen
annan sinulle ääneksi
ja pyydän sinua tekemään siitä laulun

Heikkona hetkenä
olen hyräillyt sitä yksikseni
niin kuin sen tulisi mennä –
kun lopulta olen voittanut,
selviytynyt häviäjäksi.

valo nousee
aurinko tai kuu

jokesi virtaa
minua lävitse
olen maisema
sinulle luotu
kaikeksi

muutama henkäys
pelkkä tunne että
on kykenevä
koko elämäksi

kun päivän mitta
tulee täydeksi ja on
aika mennä nukkumaan

uni kirjoittaa
valheen todeksi,
oikoo horroksessa
tyynynreunaa

ja huomenna tulee tehtyä
tekemätönkin
tai ei mitään,
unelle tarjolla pelkkä viiva

pysähtynyt sydän

me kahden kaukalossa

kohtalon kanssa

se tulee päälle taklaa

sen tiedän

mietin vain

mikä on minun laitani

jokainen henkäys pitempi

huokaus

kätesi jatkuva liike muuttuu

sarjaksi erillisiä kuvia

tuuli käy suoraan ja

ylitse tarkkailematta,

puun oksa

edestakaisin

jokainen elämä

syntymästä umpimetsään

puhkaistu,

huudosta,

itkusta,

samasta

ainutkertaisesta

tunteesta

sama kopioitu rakkaus

pitkä on

hiljaisuus silmukoita

nauha päästä päähän

hajoaa

sormia varpaita sydämeni

kammioita,

kasvoja kohti aurinkoa –

syttyviä savukkeita

olinko se minä
arka kosketus ihollani
niin ujo että
väkisin makaan itseni

naapuriin pitkä matka
ajatus katkeaa puolitiehen
pellon poikki kulkijan

saa sanan päästä kiinni